LE CIEL ÉTOILÉ

Les Planètes

Patrick Moore

Illustré par Paul Doherty • Traduit par Christel Delcoigne

GAMMA • ÉDITIONS ÉCOLE ACTIVE

Titre original - *The Planets*

Conçu et produit par
Aladdin Books Ltd
28 Percy Street
London W1P 0LD

Dépôt légal : janvier 1997, Bibliothèque nationale.
ISBN 2-7130-1797-1

Exclusivité au Canada :
Éditions École Active
2244, rue de Rouen
Montréal, Qué, H2K 1L5
Dépôts légaux : 1er trimestre 1997,
Bibliothèque nationale du Québec,
Bibliothèque nationale du Canada.
ISBN 2-89069-534-4.

Adaptation française de Christel Delcoigne
Corrections : Anne-Christine Lehmann
Mise en page : Liz White

Imprimé en Belgique

Loi nº 49-956 du 16 juillet 1949 sur les publications destinées à la jeunesse

Les illustrations de cet ouvrage sont de Paul Doherty.
Des illustrations supplémentaires sont de Ian Thompson.
Origine des photographies : pages 6 et 7 : Roger Vlitos.

Je remercie tout particulièrement Paul Doherty pour ses splendides illustrations et Lynn Lockett pour son aide et son encouragement.
P.M.

Sommaire

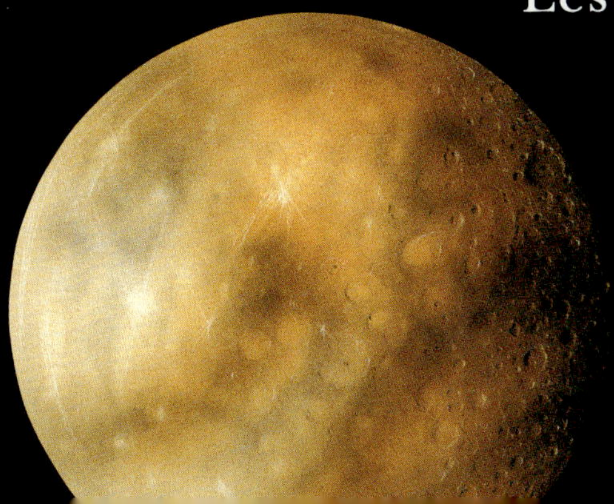

Le système solaire

Notre Terre est une planète. Elle tourne autour du Soleil et met un an pour en faire le tour complet. La Lune, elle, tourne autour de la Terre. Elle est plus petite que le Soleil, mais elle paraît plus grande car elle est plus proche de nous. Huit autres planètes tournent autour du Soleil. Certaines d’entre elles ont aussi une ou plusieurs lunes.

La planète la plus proche du Soleil est Mercure. Ensuite viennent Vénus, la Terre et Mars. Toutes les quatre sont relativement petites.

Au-delà de Mars, des milliers de blocs rocheux flottent dans l'espace et forment une ceinture d'astéroïdes.

Puis viennent quatre grosses planètes (Jupiter, Saturne, Uranus et Neptune) et une petite (Pluton). L'ensemble de ces planètes forme le système solaire

Mars dans le ciel étoilé.

Observer les planètes

Tout comme la Lune, les planètes n'émettent aucune lumière propre. Nous pouvons les voir parce

qu'elles sont illuminées par le Soleil. Comme lorsque tu éclaires un ballon dans une pièce noire avec ta torche.

À l'œil nu, les planètes ressemblent à des étoiles, mais sont en réalité très différentes. Elles sont plus proches de nous que le sont les étoiles. Elles se déplacent lentement dans le ciel. C'est ainsi que les observateurs se sont rendu compte qu'elles ne sont pas du tout comme les étoiles.

Comment les planètes se déplacent

Toutes les planètes tournent autour du Soleil. Celles qui sont plus proches se déplacent beaucoup plus rapidement. Il faut 365 jours (1 an) à la Terre pour faire le tour du Soleil, contre 88 jours (terrestres) à Mercure. Pluton fait le tour du Soleil en 248 années (terrestres). Ainsi, si tu vivais sur Pluton, tu devrais attendre 248 ans pour pouvoir fêter ton premier anniversaire !

1 Mercure
2 Vénus
3 Terre
4 Mars
5 Ceinture d'astéroïdes
6 Jupiter
7 Saturne
8 Uranus
9 Neptune
10 Pluton

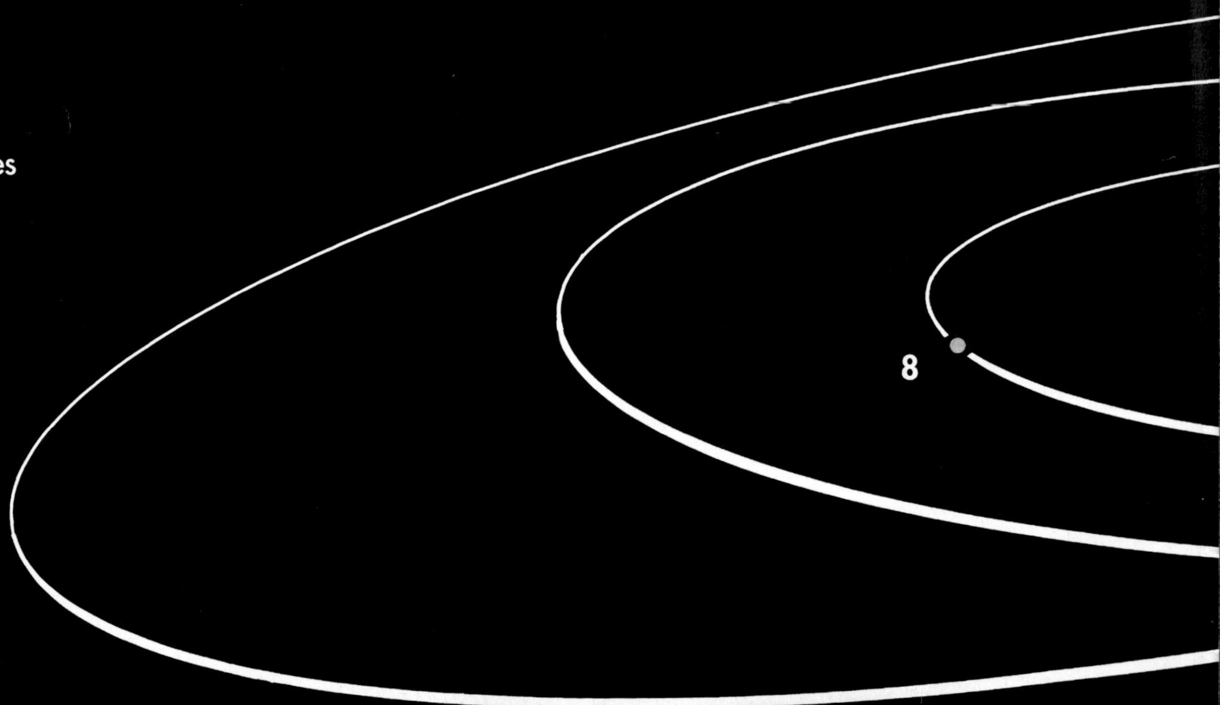

Vénus, Mars, Jupiter et Saturne sont si brillantes que tu peux facilement les repérer dans le ciel nocturne. Mercure, très proche du Soleil, n'est pas facile à voir à l'œil nu. Tu parviendras peut-être à distinguer Uranus, mais Neptune et Pluton brillent si faiblement qu'elles sont invisibles sans télescope.

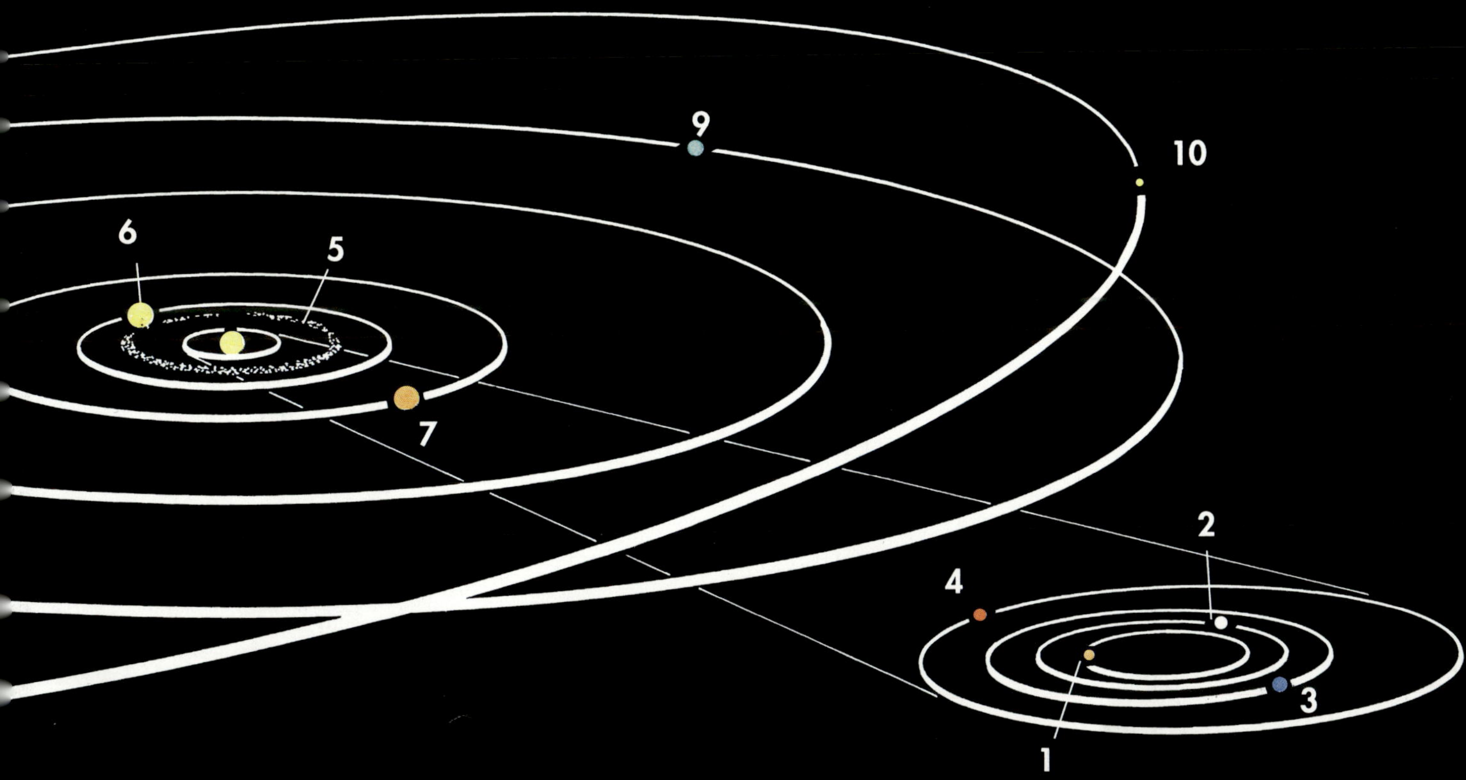

Se rendre sur les planètes

Bien que 12 hommes soient déjà allés sur la Lune, personne n'a encore foulé le sol des autres planètes. Elles sont trop loin. Toutefois, des sondes spatiales, lancées par des fusées, sont passées près d'elles, à part Pluton, et nous ont transmis des photos. De sorte que nous savons aujourd'hui à quoi elles ressemblent.

Les fusées du feu d'artifice fonctionnent de la même manière que les fusées spatiales, mais ces dernières sont équipées de puissants moteurs leur permettant d'échapper à la force de gravité de la Terre.

Décollage de la fusée *Saturne V.*

Les planètes chaudes

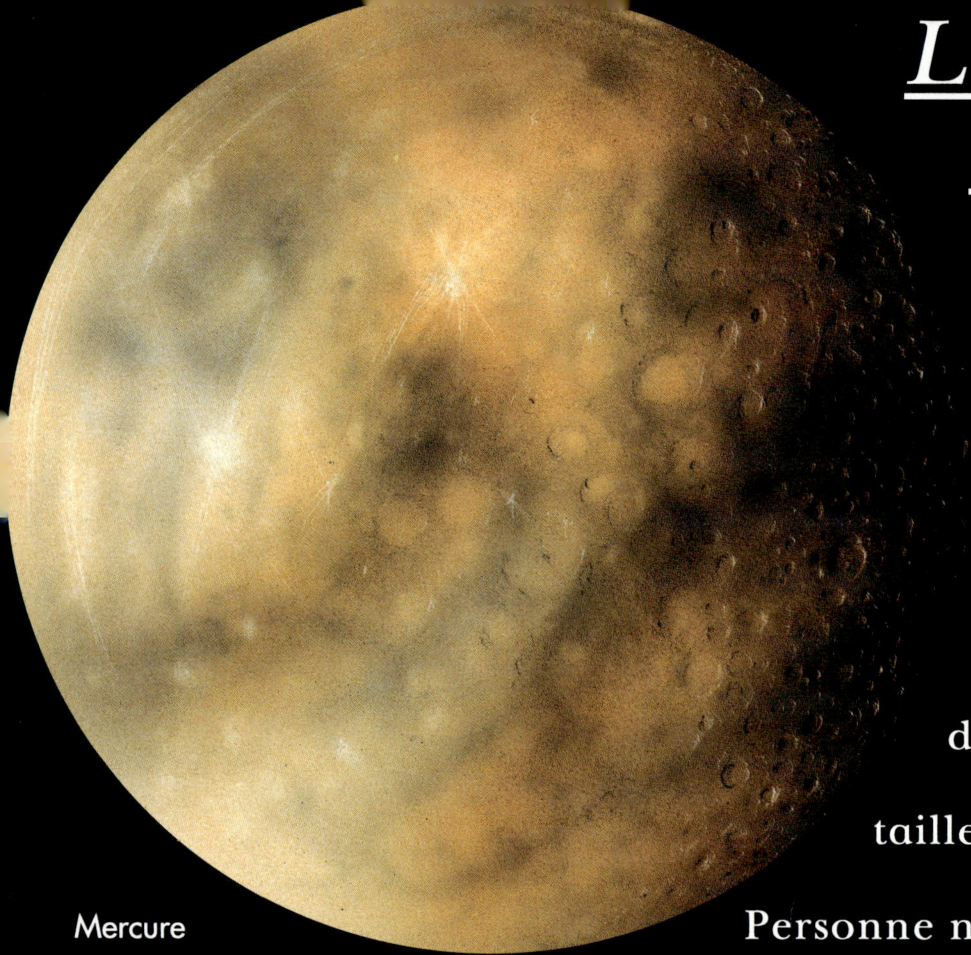

Mercure

Mercure et Vénus sont des planètes très chaudes. Mercure n'est pas facile à voir car elle est très proche du Soleil. Elle est de petite taille et il n'y a pas d'air. Personne ne pourrait donc y vivre. Vénus, plus ou moins de la même taille que la Terre, peut être très brillante. On peut la voir à l'ouest après le coucher du soleil, ou à l'est avant le lever du soleil. L'air y est si dense que nous ne pourrions pas le respirer. Par ailleurs, il y fait si chaud que s'il y avait de l'eau, elle s'évaporerait.

Vénus

La planète rouge

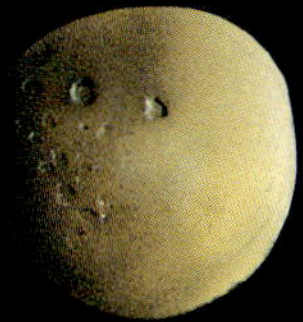

La première planète au-delà de la Terre, Mars, apparaît rouge. Elle est plus petite que la Terre, mais plus grande que la Lune. En regardant dans un télescope, dont les lentilles grossissent les objets très éloignés, tu pourrais voir que les pôles de Mars sont couverts de glace, tout comme

ceux de la Terre. Il n'y a pas de mers sur Mars, et il y fait très froid. L'air est tellement rare sur cette planète que nous ne pourrions pas y respirer. La plupart des scientifiques pensent qu'aucune vie n'est possible sur Mars. Elle a deux lunes très petites

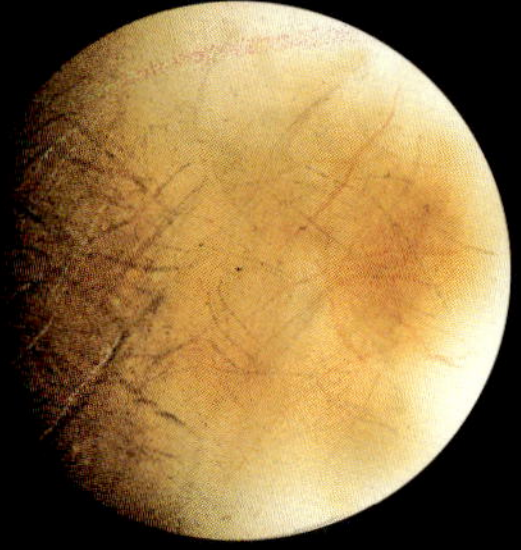

Europe

La plus grosse planète,

c'est Jupiter. Tu peux la voir facilement pendant une partie de l'année, car elle est plus brillante que les étoiles. Il lui faut presque 12 ans terrestres pour faire le tour du Soleil, mais sa journée est très courte : moins de 10 heures. Sa surface est formée de gaz ; il serait impossible de s'y poser en fusée.

Ganymède

Tu peux voir à sa surface des lignes, appelées ceintures nuageuses, ainsi que la Grande Tache Rouge, qui est une gigantesque tempête de gaz.

Jupiter compte 16 lunes dont quatre de grande taille. L'une d'elles, Ganymède, est plus grande que la planète Mercure. Avec un télescope, tu pourrais voir ces quatre lunes.

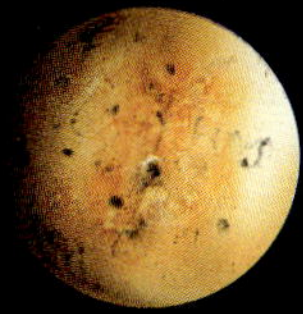
Io

Jupiter

Callisto

La planète aux anneaux

Saturne est plus petite que Jupiter, mais beaucoup plus grande que la Terre. À l'œil nu, elle ressemble à une étoile scintillant dans le ciel. La surface de Saturne, comme celle de Jupiter, est faite de gaz. Saturne est très belle en raison des anneaux qui l'encerclent. Ces anneaux sont composés de petits blocs de roche et de glace qui tournent, sous forme de bandes, autour de la planète. Pour les voir, tu dois te servir d'un télescope.

Saturne compte 18 lunes. L'une d'elles, Titan, a une atmosphère très dense. Il fait si froid à sa surface que nous ne pourrions pas y vivre.

Les anneaux de Saturne sont faits de petits blocs de roche et de glace.

Voyager 2 passant près d'Uranus.

Les planètes les plus froides

Les trois dernières planètes sont si éloignées du Soleil que leur éclat est faible. Uranus et Neptune sont deux fois plus petites que Saturne. Uranus a 15 lunes et Neptune 8. Uranus est verte, Neptune est bleue. La sonde *Voyager 2* est passée près de ces deux planètes, et nous a ramené de belles photos. Pluton est plus petite que notre Lune, et aucun vaisseau spatial ne l'a jamais atteinte. Elle est si froide que notre air gèlerait à sa surface. Si tu pouvais te rendre sur Pluton, le Soleil ne t'apparaîtrait que comme une étoile très brillante. Maintenant à toi de les retrouver dans le ciel nocturne !

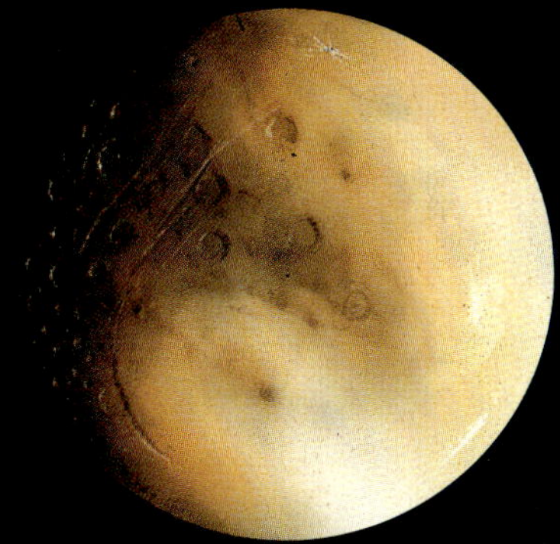

Pluton

Neptune

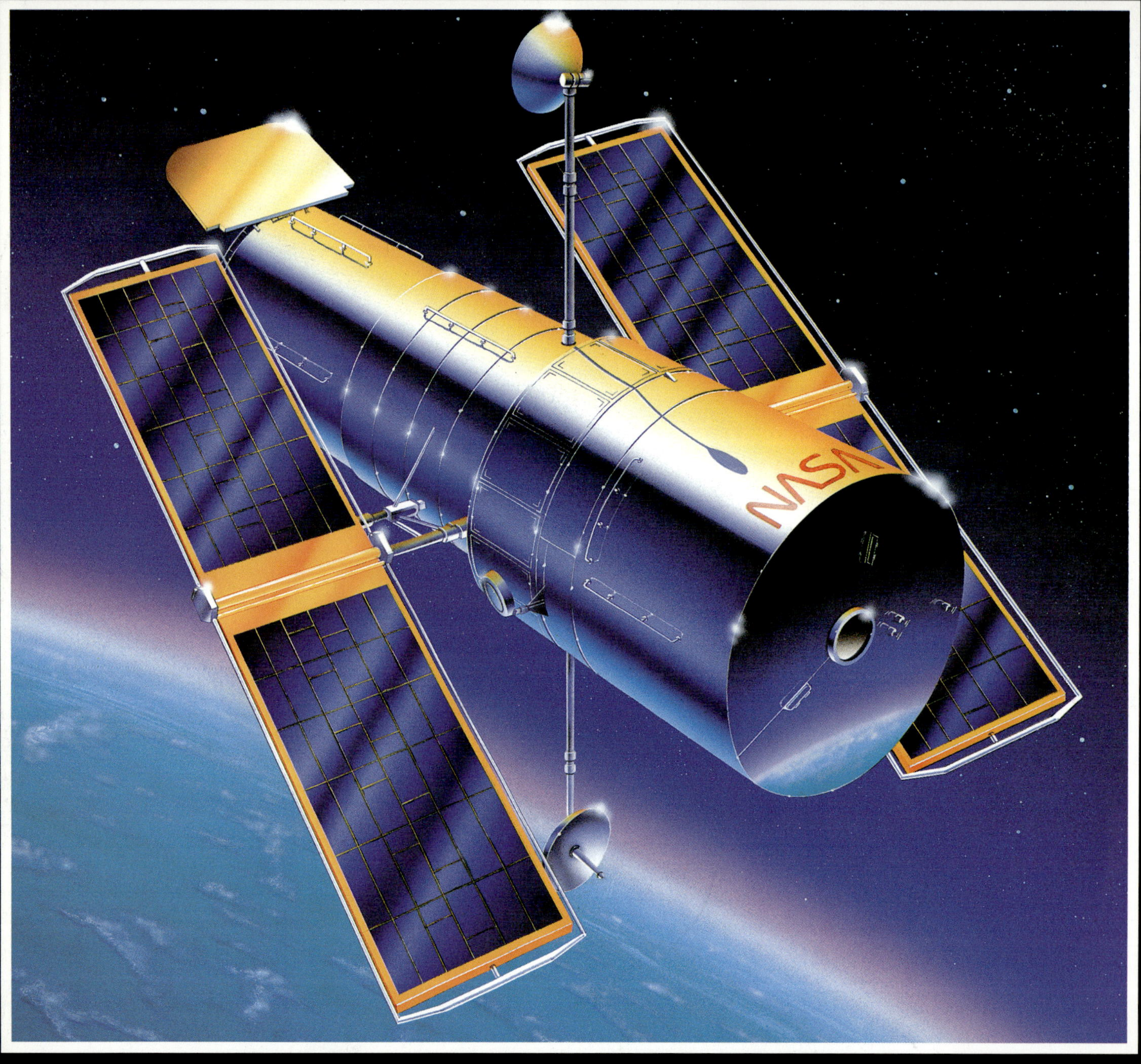

Le télescope spatial *Hubble* permet de découvrir l'espace.

D'autres planètes habitées ?

Nous ne pourrions pas vivre sur les autres planètes qui tournent autour du Soleil. Cependant il est possible que d'autres étoiles comme notre Soleil, aient leurs propres planètes qui permettent la vie. Dans ce cas, pourquoi n'existerait-il pas ailleurs d'autres êtres doués d'intelligence ? Nous sommes incapables d'envoyer des vaisseaux spatiaux sur les planètes des autres étoiles car elles sont trop loin. Un jour, peut-être, nous saurons que nous ne sommes pas les seuls dans l'espace. Il est plus que probable que, d'ici quelques années, nous découvrirons encore bien des faits surprenants et passionnants sur l'espace et notre univers.

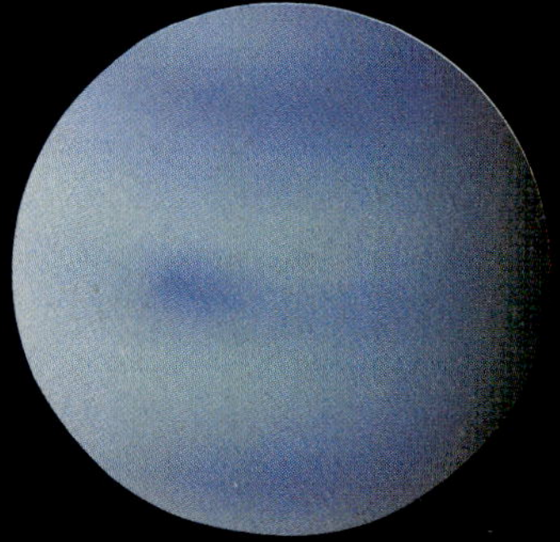

Index